ALMANACH

DES RUES ET DES BOIS

Citadin, Champêtre & Poétique

POUR 1866

545

Indispensable à tous les gens de bien

A CHAILLOT

& se trouve

A LA LIBRAIRIE DU PETIT JOURNAL

21, boulevard Montmartre, 21

1866

ALMANACH

DES RUES ET DES BOIS

Citadin, Champêtre & Poétique

POUR 1866

Indispensable à tous les gens de bien

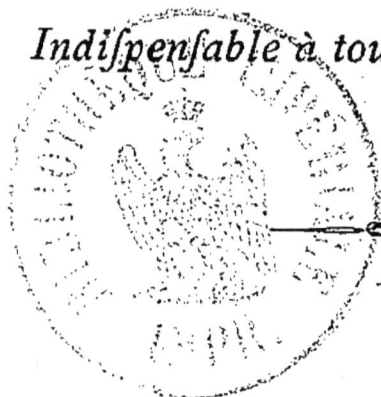

Sh52

A CHAILLOT

& se trouve

A LA LIBRAIRIE DU PETIT JOURNAL

21, boulevard Montmartre, 21

1866

Le Printemps commencera le 20 mars, à huit heures du foir.

————

L'Été commencera le 21 juin, à cinq heures du foir.

————

L'Automne commencera le 23 feptembre, à fept heures du matin.

————

L'Hiver commencera le 22 décembre, à une heure de la nuit.

————

Le 8 octobre, le foleil s'éclipfera en partie pour les Parifiens, de 3 heures à 6 heures de l'après-midi.

————

Le 31 mars, la lune s'éclipfera en partie pour les Parifiens, de 2 à 6 heures du matin.

CALENDRIER

POUR

1 8 6 6

AVEC LE LEVER DE L'AURORE

orné de

CHANSONS

POUR TOUS LES MOIS DE L'ANNÉE

JANVIER

JOURS		FÊTES	LEVER de l'Aurore.	
			h.	min.
1	lundi.	Circoncision.	7	26
2	mardi.	s. Basile, évêque.	7	26
3	mercredi.	se Geneviève.	7	26
4	jeudi.	s. Rigobert.	7	26
5	vendredi.	s. Siméon.	7	25
6	samedi.	Epiphanie.	7	25
7	DIMANCHE.	s. Théaulon.	7	25
8	lundi.	s. Lucien.	7	25
9	mardi.	s. Furcy.	7	24
10	mercredi.	s. Paul, ermite.	7	24
11	jeudi.	s. Théodose.	7	23
12	vendredi.	s. Arcade.	7	23
13	samedi.	BAPTÊME DE N. S.	7	22
14	DIMANCHE.	s. Hilaire, évêque.	7	21
15	lundi.	s. Maur.	7	21
16	mardi.	s. Guillaume.	7	20
17	mercredi.	s. Antoine, abbé.	7	19
18	jeudi.	Ch. s. Pierre à R.	7	18
19	vendredi.	s. Sulpice.	7	17
20	samedi.	s. Sébastien.	7	17
21	DIMANCHE.	se Agnès, vierge.	7	16
22	lundi.	s. Vincent.	7	15
23	mardi.	s. Ildefonse.	7	14
24	mercredi.	s. Babylas.	7	13
25	jeudi.	CONV. DE S. PAUL	7	11
26	vendredi.	se Paule.	7	10
27	samedi.	se Julienne.	7	9
28	DIMANCHE.	s. Charl. SEPTUAG.	7	8
29	lundi.	s. François de Sales	7	7
30	mardi.	se Bathilde.	7	5
31	mercredi.	s. Pierre Nol.	7	4

Pl. L., le 1, à 6 heures 57 minutes du matin.
D. Q., le 8, à 9 heures 46 minutes du soir.
N. L., le 16, à 8 heures 46 minutes du soir.
P. Q., le 23, à 9 heures 3 minutes du soir.
P. L., le 30, à 8 heures 38 minutes du soir.

JANVIER

Chanſon de la Rue.

Les bijoux, le paliſſandre,
L'or qui brille & qui ſéduit,
Voilà ce qu'il faut pour prendre
Le cœur des belles de nuit.

Il fait froid, — & l'on étale
Sous les flots de gaz brûlants
La ſplendeur orientale
Des tiſſus étincelants.

J'attends mes étrennes, Liſe :
Un baiſer. Ta mère dort; —
Veux-tu que je te conduiſe
Souper à la Maiſon d'Or?

FÉVRIER

JOURS	FÊTES	LEVER de l'Aurore	
		h.	min.
1 jeudi.	s. Ignace.	7	3
2 vendredi.	Purification.	7	1
3 samedi.	s. Blaise.	7	0
4 **DIMANCHE.**	s. Gilbert. **SEXAG.**	6	58
5 lundi.	se Agathe.	6	57
6 mardi.	s. Wast.	6	55
7 mercredi.	s. Romuald.	6	54
8 jeudi.	s. Jean de Matha.	6	52
9 vendredi.	se Apolline.	6	51
10 samedi.	se Scholastique.	6	49
11 **DIMANCHE.**	s. Séverin. **QUINQ.**	6	47
12 lundi.	se Eulalie.	6	46
13 mardi.	**MARDI-GRAS.**	6	44
14 mercredi.	Cendres.	6	42
15 jeudi.	s. Faustin.	6	41
16 vendredi.	s. Onésime.	6	39
17 samedi.	s. Sylvain.	6	37
18 **DIMANCHE.**	s. Siméon. **QUADR.**	6	35
19 lundi.	s. Gabriel.	6	34
20 mardi.	s. Eucher.	6	32
21 mercredi.	s. Pépin. **4 TEMPS.**	6	30
22 jeudi.	Ch. s. Pierre à R.	6	28
23 vendredi.	se Isabelle.	6	26
24 samedi.	s. Mathias.	6	24
25 **DIMANCHE.**	s. Taraise. **REMIN.**	6	22
26 lundi.	s. Alexis.	6	20
27 mardi.	s Léandre.	6	18
28 mercredi.	s. Romain.	6	16

D. Q., le 7, à 7 heures 49 minutes du soir.

N. L., le 15, à 10 heures 22 minutes du matin.

P. Q., le 22, à 4 heures 57 minutes du matin.

FÉVRIER

Chanfon d'Opéra..

Février rougit les trognes,
Février eft court vêtu :
C'eft un mois cher aux ivrognes
Et fatal à la vertu.

Life met, au lieu de jupe,
Un pantalon de velours.
L'œil, qui ceffe d'être dupe,
Mefure de vrais contours.

Le vin bleu, le gai champagne
Coulent à flots nuit et jour,
Et l'ivreffe qui nous gagne
Tourne au profit de l'amour.

MARS

JOURS	FÊTES	LEVER de l'Aurore	
		h.	mi n
1 jeudi.	s. Aubin.	6	14
2 vendredi.	s. Simplice.	6	12
3 samedi.	se Cunégonde.	6	10
4 DIMANCHE.	s. Casimir. OCULI.	6	8
5 lundi.	s. Drausin.	6	6
6 mardi.	se Colette.	6	4
7 mercredi.	s. Thomas d'A.	6	2
8 jeudi.	M-CARÊME	6	0
9 vendredi.	se Françoise.	5	58
10 samedi.	s. Taraise.	5	56
11 DIMANCHE.	40 martyrs. LŒTARE.	5	54
12 lundi.	s. Pol, évêque.	5	52
13 mardi.	se Euphrasie.	5	50
14 mercredi.	s. Lubin.	5	48
15 jeudi.	s. Longin.	5	46
16 vendredi	s. Cyriaque.	5	44
17 samedi.	s. Abraham.	5	42
18 DIMANCHE.	La Passion.	5	40
19 lundi.	s. Joseph.	5	38
20 mardi.	s. Guthbert.	5	36
21 mercredi.	s. Benoît.	5	33
22 jeudi.	s. Lée.	5	31
23 vendredi.	s. Victor.	5	29
24 samedi.	s. Gabriel.	5	27
25 DIMANCHE.	Les Rameaux.	5	25
26 lundi.	s. Ludger.	5	23
27 mardi.	s. Rupert.	5	21
28 mercredi.	s. Gontran.	5	18
29 jeudi.	s. Eustache.	5	16
30 vendredi.	s. Rieul.	5	14
31 samedi.	s. Gui.	5	12

Pl. L., le 1, à 0 heure 2 minutes du soir.
D. Q., le 9, à 4 heures 2 minutes du soir
N. L., le 16, à 9 heures 46 minutes du soir.
P. Q., le 23, à 1 heure 12 minutes du soir
P. L., le 31, à 4 heures 41 minutes du matin.

MARS

Chanfon Maigre.

Mars, qui viens en carême,
Je veux — tu m'as déplu, —
Dire à ta face blême :
Lanturlu ! Lanturlu !

Tu prends pour ta victime
Le Carnaval joufflu ;
Tu nous mets au régime...
Lanturlu ! Lanturlu !

Adieu, danfe & ribotte !
Le maigre a prévalu
Et le concert pianote...
Lanturlu ! Lanturlu !

AVRIL

JOURS	FÊTES	LEVER de l'Aurore	
		h.	min.
1 **DIMANCHE**.	PAQUES.	5	10
2 lundi.	s. Hugues.	5	8
3 mardi.	s. Richard.	5	6
4 mercredi.	s. Elphège.	5	4
5 jeudi.	s. Ambroise.	5	2
6 vendredi.	s. Célestin.	5	0
7 samedi.	s. Hégésippe.	4	58
8 **DIMANCHE**.	QUASIMODO.	4	56
9 lundi.	Annonciation	4	54
10 mardi.	s. Edéze.	4	52
11 mercredi	se Azélie.	4	50
12 jeudi.	s. Jules.	4	48
13 vendredi.	se Godeberte.	4	46
14 samedi.	s. Marcellin.	4	44
15 **DIMANCHE**.	s. Justin.	4	42
16 lundi.	s. Paterne.	4	40
17 mardi.	s. Anicet.	4	38
18 mercredi.	s Parfait.	4	36
19 jeudi.	s. Léon.	4	34
20 vendredi.	se Emma.	4	32
21 samedi.	se Hildegonde.	4	3)
22 **DIMANCHE**.	se Opportune.	4	28
23 lundi.	s. Georges.	4	26
24 mardi.	s. Robert	4	24
25 mercredi	s. Marc.	4	22
26 jeudi.	s. Clet.	4	21
27 vendredi.	s. Anthime.	4	19
28 samedi.	s. Polycarpe.	4	17
29 **DIMANCHE**.	s. Vital.	4	15
3) lundi.	s. Eutrope.	4	14

D. Q., le 8, à 8 heures 51 minutes du matin.
N. L., le 15, à 7 heures 12 minutes du matin.
P. Q., le 21, à 10 heures 40 minutes du soir.
Pl. L., le 29, à 9 heures 32 minutes du soir.

AVRIL

Chanson de Printemps.

O Printemps, à la rescousse !
Salut, ô premiers lilas !
   Roulons-nous sur la mousse,
   De l'hiver je suis las...
     Holà !
   Jeannette, tu me pousses ?
   Tu t'en repentiras.

Qu'à respirer elle est douce,
La Terre en ces atours-là !
   Un gai soleil s'émousse
   Sur son vert falbala...
     Holà !
   Jeannette, tu me pousses ?
   Tu t'en repentiras.

MAI

JOURS		FÊTES	LEVER de l'Aurore.	
			h.	min.
1	mardi.	s. Philippe.	4	12
2	mercredi.	s. Athanase.	4	10
3	jeudi.	INV. SAINTE CROIX.	4	9
4	vendredi.	se Monique.	4	7
5	samedi.	s. Pie.	4	5
6	DIMANCHE.	s. Jean P. latine.	4	4
7	lundi.	s. Stanislas. ROG.	4	2
8	mardi.	s. Désiré.	4	1
9	mercredi.	s. Grégoire.	3	59
10	jeudi.	Ascension.	3	58
11	vendredi.	s. Mamert.	3	56
12	samedi.	s. Porphyre.	3	55
13	DIMANCHE.	s. Servais.	3	53
14	lundi.	s. Erambert.	3	52
15	mardi.	s. Isidore.	3	51
16	mercredi.	s. Honoré.	3	49
17	jeudi.	s. Pascal.	3	48
18	vendredi.	s. Eric.	3	47
19	samedi.	s. Yves. V. J.	3	45
20	DIMANCHE.	PENTECOTE.	3	44
21	lundi.	se Virginie.	3	43
22	mardi.	se Julie.	3	42
23	mercredi.	s. Didier. 4 TEMPS.	3	41
24	jeudi.	se Jeanne.	3	40
25	vendredi.	s. Urbain.	3	39
26	samedi.	s. Philippe de N.	3	38
27	DIMANCHE.	Trinité. s Hild.	3	37
28	lundi.	s. Germain.	3	36
29	mardi.	s. Maximin.	3	35
30	mercredi.	se Emilie.	3	35
31	jeudi.	Fête-Dieu.	3	34

D. Q., le 7, à 9 heures 51 minutes du soir.
N. L., le 14, à 3 heures 7 minutes du soir.
P. Q., le 21, à 10 heures 7 minutes du matin.
Pl. L., le 29, à 1 heure 27 minutes du soir.

MAI

Chanson des Bois.

La fève féconde s'élance
Jusqu'aux cimes de la forêt.
Sous leur voûte qui se balance
Demandons aux bois leur secret.

Les rameaux brisent la lumière
Qui papillonne sur le sol.
Sur un chêne, dans la clairière,
J'entends chanter le rossignol.

Chêne, que cache ton ombrage ?
N'es-tu que le nid de l'oiseau ?
Que te dit le vent de l'orage
Qui te courbe comme un roseau ?

JUIN

JOURS		FÊTES	LEVER de l'Aurore	
			h.	min
1	vendredi.	s. Thierry.	3	33
2	samedi.	s. Pothin.	3	32
3	**DIMANCHE.**	se Clotilde.	3	32
4	lundi.	s. Quirin.	3	31
5	mardi.	s. Boniface.	3	31
6	mercredi.	s. Claude.	3	30
7	jeudi.	s. Paul.	3	30
8	vendredi.	s. Médard.	3	29
9	samedi.	s. Prime.	3	29
10	**DIMANCHE.**	s. Landry.	3	29
11	lundi.	s. Barnabé.	3	28
12	mardi.	s. Basilide.	3	28
13	mercredi.	s. Antoine de Pad.	3	28
14	jeudi.	s. Ruffin.	3	28
15	vendredi.	s. Modeste.	3	28
16	samedi.	s. Fargeau.	3	28
17	**DIMANCHE.**	s. Adolphe.	3	28
18	lundi.	sé Marine.	3	28
19	mardi.	s. Gervais, s. Prot.	3	28
20	mercredi.	s. Silvère.	3	28
21	jeudi.	s. Leufroi.	3	28
22	vendredi.	s. Alban.	3	28
23	samedi.	s. Félix.	3	28
24	**DIMANCHE.**	**NATIVITÉ DE S. J.-B.**	3	29
25	lundi.	s. Prosper.	3	29
26	mardi.	s. Babolein.	3	29
27	mercredi.	s. Crescent.	3	30
28	jeudi.	s. Irénée.	3	30
29	vendredi.	**PIERRE ET S. PAUL.**	3	31
30	samedi.	Commém. s. Paul.	3	32

D. Q., le 6, à 7 heures 22 minutes du matin.
N. L., le 12, à 10 heures 16 minutes du soir.
P. Q., le 19, à 11 heures 54 minutes du soir.
Pl. L., le 28, à 3 heures 45 minutes du matin.

JUIN

Chanson des Roses.

Rose & son berger
Adoraient les roses.
Les plus douces choses
Ont quelque danger.

Elle lui sourit
En cueillant des roses.
Les plus douces choses
Egarent l'esprit.

N'avoir pour témoin
Qu'un buisson de roses!
Les plus douces choses
Nous mènent bien loin...

JUILLET

JOURS	FETES	LEVER de l'Aurore	
		h.	min.
1 DIMANCHE.	s. Martial.	3	32
2 lundi.	VISITAT. DE N. D.	3	33
3 mardi.	s. Anatole.	3	33
4 mercredi.	Tr. s. Martin.	3	34
5 jeudi.	se Zoé.	3	35
6 vendredi.	s. Tranquillin.	3	35
7 samedi.	se Aubierge.	3	36
8 DIMANCHE.	s. Priscille.	3	37
9 lundi.	so Véronique.	3	38
10 mardi.	se Félicité.	3	39
11 mercredi.	Tr. s. Benoît.	3	40
12 jeudi.	s. Gualbert.	3	41
13 vendredi.	s. Turiaf.	3	42
14 samedi.	s. Bonaventure.	3	43
15 DIMANCHE.	s. Henri.	3	44
16 lundi.	N. D. du Carmel.	3	45
17 mardi.	s. Alexis.	3	46
18 mercredi.	s. Clair.	3	47
19 jeudi.	s. Vincent de Paul.	3	48
20 vendredi.	se Marguerite.	3	49
21 samedi.	s. Victor.	3	50
22 DIMANCHE.	se Madeleine.	3	51
23 lundi.	s. Apollinaire.	3	53
24 mardi.	se Christine.	3	54
25 mercredi.	s. Jacques le Maj.	3	55
26 jeudi.	Tr. de s. Marcel.	3	56
27 vendredi.	s. Pantaléon.	3	58
28 samedi.	se Anne.	3	59
29 DIMANCHE.	se Marthe.	4	0
30 lundi.	s. Abdon.	4	2
31 mardi.	s. Germain l'Aux.	4	3

D. Q., le 5, à 2 heures 13 minutes du soir.
N. L., le 12, à 5 heures 44 minutes du matin.
P. Q., le 19, à 3 heures 53 minutes du soir.
Pl. L., le 27, à 4 heures 22 minutes du soir.

JUILLET

Chanſon des Baigneuſes.

Oh ! les charmantes baigneuſes
Qui s'en vont, dans les flots verts,
Plonger leurs têtes rieuſes
Et leurs bras blancs découverts.

Une vague ſans uſage,
Avec ſes flots blanchiſſants,
A moulé de leur corſage
Les contours éblouiſſants.

Semblables à des Dianes,
Elles cachent ſous les eaux
Mille blancheurs diaphanes
Qu'on ne montre qu'aux flambeaux.

2

AOUT

JOURS	FETES	LEVER de l'Aurore	
		h.	min.
1 mercredi.	s. Pierre-ès-liens.	4	4
2 jeudi.	s. Etienne.	4	5
3 vendredi.	Inv. s. Etienne.	4	7
4 samedi.	s. Dominique	4	8
5 DIMANCHE.	s. Yon, m.	4	10
6 lundi.	Transfig. de J.-C.	4	11
7 mardi.	s. Gaetan.	4	12
8 mercredi.	s. Justin.	4	14
9 jeudi.	s. Spire.	4	15
10 vendredi.	s. Laurent.	4	16
11 samedi.	S. de la se Cour.	4	18
12 DIMANCHE.	se Claire.	4	19
13 lundi.	s. Hippolyte.	4	21
14 mardi.	s. Eusèbe, V. J.	4	22
15 mercredi.	Assomption.	4	23
16 jeudi.	s. Roch.	4	25
17 vendredi.	s. Mammès.	4	26
18 samedi.	se Hélène.	4	28
19 DIMANCHE	s. Louis, év.	4	29
20 lundi.	s. Bernard.	4	30
21 mardi.	s. Privat.	4	32
22 mercredi.	s. Symphorien.	4	33
23 jeudi.	s. Sidoine.	4	35
24 vendred.	s. Barthélemi.	4	36
25 samedi.	s. Louis, roi.	4	38
26 DIMANCHE.	s. zéphirin.	4	39
27 lundi.	s. Césaire	4	40
28 mardi.	s. Augustin.	4	41
29 mercredi.	Déc. de s. J.-B.	4	43
30 jeudi.	s. Fiacre.	4	45
31 vendredi.	s. Ovide.	4	46

D. Q., le 3, à 7 heures 27 minutes du soir.
N. L., le 10, à 2 heures 46 minutes du soir.
P. Q., le 18, à 9 heures 25 minutes du matin.
Pl. L., le 26, à 3 heures 43 minutes du matin.

AOUT

Chanfon d'Amoureux.

Ami, j'aime une danfeufe
  Très-offeufe,
Qu'à l'Opéra chaque foir
  Je vais voir.

Des fourires qu'elle égrène,
  Cette reine
S'eft fait un gros revenu
  A l'œil nu.

Pourtant elle jure qu'elle
  M'eft fidèle :
Faut-il croire à fa vertu ?
  Qu'en dis-tu ?

SEPTEMBRE

JOURS		FETES	LEVER de l'Aurore	
			h.	min.
1	samedi.	s. Leu et s. Gilles.	4	47
2	**DIMANCHE**	s. Lazare.	4	49
3	lundi.	s. Grégoire.	4	50
4	mardi.	se Rosalie.	4	52
5	mercredi.	s. Bertin.	4	53
6	jeudi.	s. Onésippe.	4	55
7	vendredi.	s. Cloud.	4	56
8	samedi	**NATIVITÉ DE N. D.**	4	57
9	**DIMANCHE**	s. Omer, évêque.	4	59
10	lundi.	se Pulchérie.	5	0
11	mardi.	s. Patient	5	2
12	mercredi.	s. Cerdot	5	3
13	jeudi.	s. Aimé.	5	4
14	vendredi.	**EXALT. DE LA CROIX.**	5	6
15	samedi.	s. Nicodème.	5	7
16	**DIMANCHE.**	s. Cyprien.	5	9
17	lundi.	s. Lambert.	5	10
18	mardi	s. Jean Chr.	5	12
19	mercredi.	s. Janvier. **4 TEMPS**	5	13
20	jeudi.	s. Eustache.	5	14
21	vendredi.	s. Matthieu.	5	16
22	samedi.	s. Maurice.	5	17
23	**DIMANCHE.**	se Thècle, vierge.	5	19
24	lundi.	s. Andoche.	5	20
25	mardi.	s. Firmin.	5	22
26	mercredi.	se Justine.	5	23
27	jeudi.	s. Côme, s. Damien.	5	25
28	vendredi.	s. Céran.	5	26
29	samedi.	s. Michel.	5	27
30	**DIMANCHE.**	s. Jérôme.	5	29

D. Q., le 2, à 0 heures 18 minutes du matin.
N. L., le 9, à 2 heures 24 minutes du matin.
P. Q., le 17, à 3 heures 38 minutes du matin.
Pl. L., le 24, à 2 heures 15 minutes du soir.

SEPTEMBRE

Chanſon des Vendanges.

Qu'il ſoit vermeil ou nacré,
Un mot du vin dit l'hiſtoire :
De la vigne il eſt tiré ;
    Il faut le boire.

Aux dieux il eſt conſacré :
C'eſt ſa nobleſſe & ſa gloire.
Du ciel puiſqu'il eſt tiré,
    Il faut le boire.

Le preſſoir l'a préparé;
Il s'eſt formé dans l'armoire;
Grégoire l'en a tiré;
    Il faut le boire.

OCTOBRE

JOURS		FETES	LEVER de l'Aurore	
			h.	min.
1	lundi.	s. Remi, évêque.	5	30
2	mardi.	SS Anges G.	5	32
3	mercredi.	s. Denis l'A.	5	33
4	jeudi.	s. Fr. d'Assises.	5	35
5	vendredi.	se Aure, vierge.	5	36
6	samedi.	s. Bruno.	5	38
7	DIMANCHE.	s. Serge.	5	39
8	lundi.	se Thaïs.	5	41
9	mardi.	s. Denis, évêque.	5	42
10	mercredi.	s. Géréon.	5	44
11	jeudi.	s. Venant.	5	45
12	vendredi.	s. Vilfrid.	5	47
13	samedi.	s. Edouard.	5	48
14	DIMANCHE.	s. Calixte.	5	50
15	lundi.	se Thérèse.	5	51
16	mardi.	s. Léopold.	5	53
17	mercredi.	s. Cerbon.	5	55
18	jeudi.	s. Luc, évang.	5	56
19	vendredi.	s. Savinien	5	58
20	samedi.	s. Sendou.	5	59
21	DIMANCHE.	sé Ursule.	6	1
22	lundi.	s. Mellon	6	2
23	mardi.	s. Hilarion.	6	
24	mercredi.	s. Magloire.	6	5
25	jeudi.	s. Crépin.	6	7
26	vendredi.	s. Rustique.	6	9
27	samedi.	s. Frumence.	6	
28	DIMANCHE.	s. Simon, s. Jude.	6	12
29	lundi.	s. Faron, évêque.	6	13
30	mardi.	s. Lenain.	6	
31	mercredi.	s. Quentin, v. J.	6	

D. Q., le 1, à 6 heures 18 minutes du matin.
N. L., le 8, à 5 heures 8 minutes du soir.
P. Q., le 16, à 9 heures 33 minutes du soir.
Pl. L., le 24, à 0 heures 22 minutes du matin.
D. Q., le 30, à 2 heures 55 minutes du soir.

OCTOBRE

Chanfon des Meutes.

Allons, en chaffe,
Ton ton, ton ton !
Le lièvre paffe
Dans ce canton.

Battons la plaine,
Sus ! à cheval !
Ton ton, tontaine !
Par monts & val.

Au cerf, ô meute !
Il a faibli...
Voici l'émeute
De l'hallali...

NOVEMBRE

JOURS		FETES	LEVER de l'Aurore	
			h.	min
1	jeudi.	TOUSSAINT.	6	18
2	vendredi.	Les TRÉPASSÉS.	6	20
3	samedi.	s. Marcel.	6	21
4	DIMANCHE	s. Charles Borr.	6	23
5	lundi.	se Bertilde.	6	25
6	mardi.	s. Léonard.	6	26
7	mercredi.	s. Wilbrod.	6	28
8	jeudi.	saintes Reliques.	6	30
9	vendredi.	s. Mathurin.	6	31
10	samedi.	s. Léon.	6	33
11	DIMANCHE.	s. Martin.	6	34
12	lundi.	s. René, évêque	6	36
13	mardi.	s. Brice. évêque.	6	37
14	mercredi.	s. Achille	6	39
15	jeudi.	s. Eugène.	6	41
16	vendredi.	s. Eucher.	6	42
17	samedi.	s. Aignan.	6	44
18	DIMANCHE.	se Aude.	6	45
19	lundi.	se Elisabeth.	6	47
20	mardi.	s. Edmond.	6	48
21	mercredi.	PRÉSENT. DE N. D	6	50
22	jeudi.	se Cécile.	6	51
23	vendredi.	s. Clément.	6	53
24	samedi.	se Flore.	6	54
25	DIMANCHE.	se Catherine.	6	56
26	lundi.	se Geneviéve.	6	57
27	mardi.	s. Sosthène.	6	59
28	mercredi.	s. Severin.	7	0
29	jeudi.	s. Saturnin.	7	1
30	vendredi.	s. André.	7	3

N. L., le 7, à 10 heures 34 minutes du matin.

P. Q., le 15, à 2 heures 16 minutes du soir.

Pl. L., le 22, à 10 heures 24 minutes du matin.

D. Q., le 29, à 3 heures 14 minutes du matin.

NOVEMBRE

Chanſon de Table.

Ah! quel ſourire aſſaſſin!
Que Roſette eſt peu ſévère,
Quand à table, à mon voiſin,
　Elle tend ſon verre!

Et quel caprice charmant
Met à ſa lèvre une moue,
Quand au voiſin follement
　Elle tend ſa joue!

Voiſin, qu'eſt-ce que tu ſens
Auprès de cette mignonne,
Quand de ſes bras careſſants
　Elle t'environne?

DÉCEMBRE

JOURS		FETES	LEVER de l'Aurore	
			h.	min.
1	samedi.	s. Eloi.	7	4
2	**DIMANCHE.**	s. Fr.-Xav. Avent.	7	5
3	lundi.	s. Mirocle.	7	7
4	mardi.	se Barbe.	7	8
5	mercredi.	s. Sabas.	7	9
6	jeudi.	s. Nicolas.	7	10
7	vendredi.	se Fare, vierge.	7	11
8	samedi.	**CONCEPTION.**	7	12
9	**DIMANCHE.**	se Léocadie.	7	13
10	lundi.	se Valère.	7	14
11	mardi.	s. Fuscien.	7	15
12	mercredi.	s. Damase.	7	16
13	jeudi.	se Luce, vierge.	7	17
14	vendredi.	s. Nicaise.	7	18
15	samedi.	s. Mesmin.	7	19
16	**DIMANCHE.**	s. Adélaïde.	7	20
17	lundi.	se Olympiade.	7	21
18	mardi.	s. Gatien.	7	21
19	mercredi.	s. Meurice. **4 TEMPS.**	7	22
20	jeudi.	s. Philogon	7	23
21	vendredi.	s. Thomas.	7	23
22	samedi.	s. Honorat.	7	24
23	**DIMANCHE.**	se Victoire.	7	24
24	lundi.	s. Yves. **V. J.**	7	25
25	mardi.	NOEL.	7	25
26	mercredi.	s. Etienne.	7	25
27	jeudi.	s. Jean, ap.	7	25
28	vendredi.	Les ss. Innocents.	7	26
29	samedi.	s. Thomas C.	7	26
30	**DIMANCHE.**	se Colombe.	7	26
31	lundi.	s. Sylvestre.	7	26

N. L., le 7, à 5 heures 34 minutes du matin.
P. Q., le 15, à 4 heures 51 minutes du matin.
Pl. L., le 21, à 8 heures 43 minutes du soir.
D. Q , le 28, à 7 heures 33 minutes du soir.

DÉCEMBRE

Chanſon d'Hiver.

Il neige, — & pourtant, Voiſine,
Si vous le vouliez un peu,
Votre jeuneſſe mutine
Pourrait nous faire un ciel bleu.

Je réchaufferais mon âme
A vos ſourires vermeils,
Et vos yeux remplis de flamme
Seraient pour moi deux ſoleils.

L'hiver gris, en habits roſes,
Bientôt s'irait déguiſer ;
Et tant de métamorphoſes
Ne coûteraient qu'un baiſer.

CI-APRÈS EST LA

SECONDE ÉDITION

de la

Chansonnette des Rues et des Bois

Dont l'auteur perfifte à garder
l'anonyme.

—

La première édition de cet ouvrage a été publiée à la Librairie du
Petit Journal en Novembre 1865.

Une

CHANSONNETTE

DES

Rues et des Bois

PRÉFACE

Celui qui écrit ces lignes n'a pas miffion de dévoiler fon nom. Venu de l'ombre, il n'afpire qu'après l'ombre. D'ailleurs, il ne cherche pas à défendre ces feuillets, abandonnés au vent d'orage. On y verra ce qu'on voudra, on en prendra ce qu'on pourra. Il eft permis au penfeur de regarder à la fois devant lui & derrière lui. Ce livre n'eft donc pas feulement un livre, c'eft un torticolis.

Peter's houfe, novembre 1865.

CHANSONNETTE

———

I

SANS CHEVAL

Réveillons l'églogue antique :
Pinçons la taille à Fanchon.
Vive la *Maison rustique !*
Vive l'usine Tronchon !

Tout genre m'eſt abordable ;
Changeons de note à préſent :
Aſſez je fus formidable,
Je veux être féduiſant.

Je veux m'enfuir vers les ſaules,
Et, penſeur à l'abandon,
Tenir des propos très-drôles
Aux laveuſes de Meudon ;

Pour qu'on diſe, à la montagne,
Pour qu'on diſe, aux prés itou :
Celui qui bat la campagne,
C'eſt Olympio-Pitou !

I I

A L'OSEILLE

Sous la tonnelle parée
De rayons & de parfums,
J'accommode une purée
De noms propres & communs.

3

C'eſt toujours la même femme,
Charmant problème attifé ;
C'eſt la même grande dame,
Et le même chien coiffé.

Pour moi, je les aime toutes,
Qu'elles vivent ſous un dais,
Ou que ſur les grandes routes
Elles guident les baudets.

Collier divin que j'égrène
En ce temps de renouveau !
Celle-ci dit : — « Ma migraine ! »
Celle-là dit : — « Notre veau ! »

Béranger a des Lifettes
Pouvant fervir encor bien,
En arrangeant leurs rifettes
Au ftyle néo-païen.

Ma chanfonnette lafcive
Ne demande qu'à voler,
Et même un peu de leffive
Ne me fait pas reculer.

Çà me change, moi, le mage
Et le prophète effaré,
De voir Còlinette en nage
M'apoftropher dans un pré,

Et, flamboyante carogne,

Fourche en main, crier, oui-dà :

« — Çà va cesser, ou je cogne !

« A-t-on vu cet enflé-là ! »

III

QU'IL N'Y A QU'UNE FEMME AU MONDE

Qu'on l'appelle Cydalife,
Antiope, Elifabeth,
Suzon, Violante, Life,
Toinon, Toinette ou Babet;

Et ma mufe, qui s'effaie
A l'école du buiffon,
Exproprie Arfène Houffaye
De fes nappes de creffon.

A moi le thym & le hêtre !
A moi la cîme & le val !
Dieu, c'eft un garde-champêtre,
Agent du maire Idéal.

Pour cafque, il a la feuillée ;
Pour fabre nu, le foleil ;
Et fa plaque fut taillée
En plein firmament vermeil !

Soyons bon, quoique fublime,
Familier & tolérant.
Jabotons avec l'abîme ;
Difons : « Ma vieille ! » au torrent.

Confondons l'aire & la mare,
Et mêlons, — douce leçon ! —
La Genèfe au *Tintamarre*,
Homérus à Commerfon.

Soyons même un brin canaille ;
Parlons l'argot de Pantin ;
Allons chercher Lafouraille ;
Qu'on amène Corentin.

Au bouchon, où j'aventure
Mon oreille auprès du feu,
Sachons ce que la friture
Fredonne au petit vin bleu !

IV

PLUS D'ANTITHÈSES,

PLUIE D'ANTITHÈSES.

C'eſt convenu. L'on s'en laſſe.
On n'en veut plus. Ici gît.
Soit. C'eſt dommage. Tout paſſe,
D'Arlincourt & Marchangy.

Soyons fimples. Adieu, fête.

Me voici flûte; adieu, cor!

Je fuis brife; adieu, tempête!

Je fuis..... Allons, bon; encor!

O l'antithèfe tenace!

Le procédé forcené!

O trope, à ta double face

Que je fuis acoquiné!

Je fuis le doigt; toi, l'écorce.

Je fuis poiffon; toi, filet.

Qui vaut mieux, du tour de force

Ou du tour de gobelet?

Vous aimez Tours ; moi, Dunkerque.
Votre goût dit foin au mien.
Parmentier vaut Albuquerque ;
Saprifti vaut Nom d'un chien.

La canne fied au podagre,
Le zéphyr fied au rofeau.
Tout critique eft un onagre,
Tout poète eft un oifeau.

Ainfi babille ma mufe ;
Tout eft de fe mettre en train.
Je peux, fi çà vous amufe,
Aller jufques à demain.

Myofotis & pivoine !

Spartacus & Trou-bonbon !

Saint-Vincent & Papavoine !

Aurore & brume... Ah! c'eſt bon !

V

UN PEU DE MÉLANCOLIE

Parfois, il me femble entendre
Des bourdonnements lointains :
Je me penche, & crois comprendre
Qu'il s'agit de mes refrains.

On me difcute, on m'affirme ;

Paris d'articles eft plein.

Un journal dit :— « Quel infirme ! »

Un autre dit : — « Quel malin ! »

Moi, je fouris. Laiffez dire.

Dieu, dont l'arrêt eft facré,

De moi fit un homme-lyre :

Le vent foufflait, j'ai vibré.

Non, ce ne font pas chimères

Les vers que je vais fonnant.

J'en appelle à vous, ô mères :

Vous favez le *Revenant !*

O place Royale ! ô place !
Souvenirs non décriés !
Jeunes gens, c'eſt moi qui paſſe ;
Cachez vos noirs encriers !

Jeunes gens ! je ſuis le maître.
Si l'un de vous raille ici,
Je lui pardonne. Peut-être
Eſt-ce un peu ma faute auſſi ;

Car, dans ce livre-délire,
Qu'il fallait vous dédier,
Tel à qui j'appris à lire
Apprend à parodier.....

Note de l'Editeur.

Je ne veux fâcher personne,
Et notamment M......,
Car je lui crois l'âme bonne,
Et sa figure me plaît.

Mais puisque l'on raille en face
Le Maître, il m'est bien permis
De juger ce qui se passe
Autrement que mes amis.

Comptons un peu nos poètes :
Approchez, ô nourrissons !
Voyons donc où vous en êtes
De vos nouvelles moissons.

J'aimais fort l'homme à la rime,
Banville, — dans ſes accès :
Sa muſe aujourd'hui s'eſcrime
Sur les planches des Français.

Gautier pour moi fut un maître.
Je l'imaginais ainſi :
Droit, fier, campé comme un reître.
Le feuilleton l'a groſſi.

Sur le lac de Lamartine,
Jadis j'ai longtemps rêvé;
Mais cette lyre divine
Se trouve ſur le pavé.

Musset, qui fit Bernerette,
A ses heures disait bien.
Il est mort; je le regrette;
Mais il n'écrivait plus rien.

Dumas était-il poète ?
Peut-être bien. Mais il a
Brisé la plume muette
D'où sortit Caligula.

Notre Victor reste encore,
Et, dans son après-midi,
Module un refrain sonore
Sur un thème dégourdi.

Il a déposé l'épée,
Epouvantail des chanſons ;
Il a laiſſé l'épopée
Pour les gaîtés des pinſons.

Il nous donne un nouveau livre
Plein de bruits, d'eſſors, de voix,
Et qui nous apprend à vivre
Dans la rue & dans les bois.

Pourquoi les clameurs injuſtes
Dont vous accueillez ce don ?
S'il ſe taiſait, ô Procuſtes,
Que vous reſterait-il donc ?

8 novembre 1865.

SIMPLE LÉGENDE

I

« Toujours l'abîme & la montagne !
« Depuis trente-cinq ans paſſés,
« Le Sombre & le Grand font le bagne
« Où je fais mes travaux forcés !...

« Sans cesse la même épithète
« Autour de mon orgueil se tord !
« Finissons-en ! C'est par trop bête,
« D'être appelé toujours « *le Fort!* »

« Foin de l'Olympe & de l'Averne !
« Passez-moi les clefs du Caveau,
« Pour qu'à Margoton-Baliverne
« J'ouvre les huis de mon cerveau !...

« Je veux verser des mers de roses
« Dans l'entre-corset de Chloris,
« En fredonnant un tas de choses
« A faire rougir Tout paris ! »

Il

Il dit. — Alors l'Œil des orages
Vit le Géant mettre en travers
Son noir capuchon de nuages,
Et defcendre dans les prés verts...

Dans les prés verts où l'on marie,
Avec la Gaîté, ce rofeau,
— Au grand Soleil, cette mairie, —
La Chanfonnette... cet oifeau !...

Là, tâchant d'amoindrir fon torfe,
Pour ne pas trop effaroucher
Les dryades qui, fous l'écorce,
Aux moindres peurs, vont fe cacher ;

Il décroît, s'émonde, s'écorne,
Se taffe, fe rentre... & s'affied :
Obélifque qui fe fait Borne !
Kilomètre qui fe fait Pied !

III

Et c'eſt avec des airs ſuperbes
Que, ſuant, il veut à la fois
Joncher & la Terre de gerbes
Et l'Ether de fredons grivois...

Mais, en ſes phalanges énormes,
L'immenſité de ſes deux mains
Cueille des chênes & des ormes
Qu'il prend pour roſiers & jaſmins !

Mais ſa voix, qu'il croit faire douce,
S'échappe à tout moment encor
En foudres dont tremble la mouſſe
Et friſſonne le bouton d'or !

Mais ſa chanſon, qu'il veut légère,
S'appeſantit de mots ſi grands,
Qu'on ne ſaurait les trouver guère
Que dans des crânes de Titans !

I V

Il cueille... l'on dirait qu'il fauche !
Il chante... on croirait qu'il mugit !.
Il eſt ſi terriblement gauche,
Que Phœbus, ſon père, en rougit ;

Et que la Grâce, hauſſant l'épaule,
— Amaryllis au rire frais, —
Se moque & fuit, de ſaule en ſaule,
Plus haut & plus loin que jamais!

Car, s'il eſt, dans cette avalanche
De couplets, — peſants ſautilleurs! —
Bien des ſtrophes à l'aile blanche
Pleines de charme & de fraîcheurs,

Amaryllis n'y prend pas garde!
Son ſarcaſme irreſpectueux
N'entend, hélas! & ne regarde
Que ce qu'ils ont de monſtrueux!

V

Or, tandis qu'il cueille & qu'il chante
En fon caprice triomphant,
Sous lui — fans même qu'il le fente, —
Le fol fléchit, craque & fe fend;

C'eſt qu'elle eſt vraiment trop fragile,

La croûte de ces verts terrains,

Pour ſupporter, ſur ſon argile,

Les lourdes ampleurs de ces reins!

Et voici que, parmi la ronce,

Dans l'hiatus de ſon parquet,

Le fier Géant choit & s'enfonce;

Lui, ſa chanſon & ſon bouquet...

ENVOI

Pouquòi faut-il qu'on vous le dife,
A vous, le plus beau des beaux noms?
Lancer des noyaux de cerife,
N'èft pas l'ouvrage des canons!

JULES DEMENTHE (*Tintamarre*).

12 Novembre 1865.

F.I N

TABLE

64

NOVEMBRE : Chanfon de Table.
DÉCEMBRE : Chanfon d'Hiver.

Imprimé par Alcan-Lévy, boulevard Pigalle, 50

www.ingramcontent.com/pod-product-compliance
Lightning Source LLC
LaVergne TN
LVHW022116080426
835511LV00007B/851